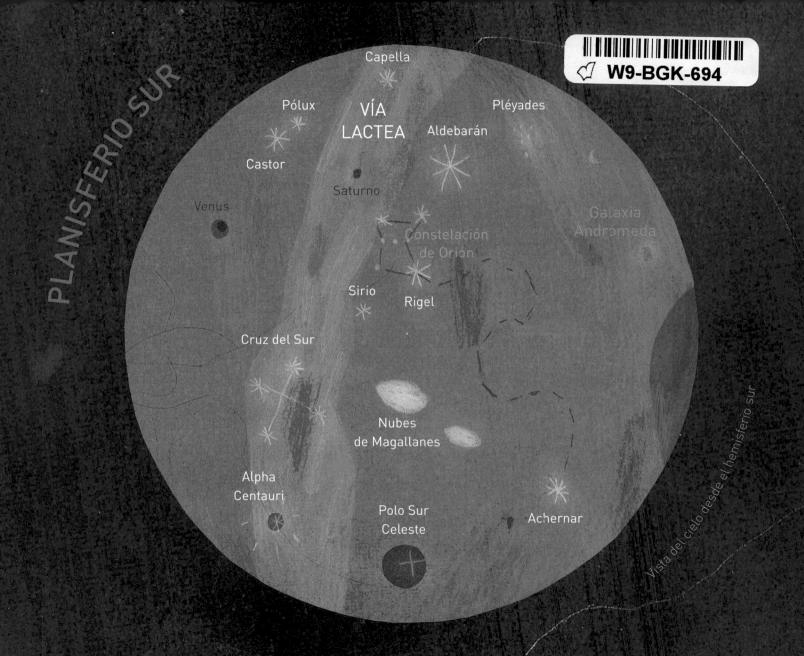

PLANISFERIO SUR

Capella

Pólux

VÍA
LACTEA

Pléyades

Castor

Aldebarán

Saturno

Venus

Galaxia
Andrómeda

Constelación
de Orión

Sirio

Rigel

Cruz del Sur

Nubes
de Magallanes

Alpha
Centauri

Polo Sur
Celeste

Achernar

Vista del cielo desde el hemisferio sur

A mi madre y sus cuentos infinitos.

A. S.

A mis padres.

P. A. M

el cielo
imaginado

PABLO A. MASTRO * ANA SUÁREZ

abuenpaso

Desde el principio de los tiempos, la humanidad se ha preguntado por los misterios del cielo nocturno. ¿Qué son esas pequeñas luces que, sin importar cuándo ni dónde nos encontremos, aparecen cuando el sol se oculta y, noche tras noche, se desplazan imperceptiblemente? Gracias a los telescopios y otros instrumentos de observación, ahora sabemos que las estrellas son gigantescas esferas de gas que arden a millones de kilómetros de nosotros, que viven miles de millones de años, que se agrupan en galaxias y que a veces son acompañadas por planetas que giran a su alrededor.

Pero no siempre las vimos así. Ya desde las más primitivas culturas, y sin más he-
rramientas que su propia imaginación, los seres humanos convirtieron estas pequeñas luces del cielo en fantásticos animales, legendarios héroes, valientes princesas
y poderosos dioses.

HEMISFERIO

Por el ecuador pasa una línea imaginaria que divide el planeta Tierra en dos mitades: el hemisferio norte y el hemisferio sur. La posición de las estrellas en el cielo varía según el hemisferio y la estación del año.

OSA MAYOR

Una constelación es un conjunto de estrellas que, unidas por líneas imaginarias, forman figuras de animales, objetos o personajes de cuentos y leyendas. «Osa Mayor» es el nombre que le pusieron los griegos, hace más de dos mil años, a una de las constelaciones más grandes del firmamento. Otras culturas antiguas, como la romana o la sumeria, la llamaron «el carro» por su forma parecida a un carromato.

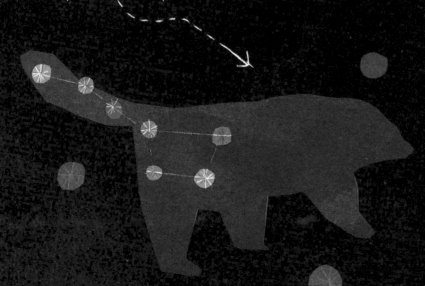

ORIÓN

Es la constelación más imponente del cielo invernal, y también es conocida como «el cazador» o «el gigante». Según algunos mitos, Orión portaba en sus manos una espada y un escudo, aunque en otros se representa con una fuerte maza y una piel de león. Los tres astros del centro son su cinturón. Algunas de sus estrellas, como Rigel o Betelgeuse, se encuentran entre las más luminosas del cielo.

OSA MENOR

En el extremo de esta constelación se encuentra la Estrella Polar, que siempre indica el Norte. La usaban marineros y pescadores del hemisferio norte para guiarse en mares y océanos.

VÍA LÁCTEA

Los romanos llamaron así a la galaxia donde nos encontramos. Desde nuestro planeta la vemos como un río blanquecino que atraviesa el cielo de extremo a extremo. En su interior contiene miles de millones de estrellas.

PLÉYADES

En el cielo las solemos ver como un grupo de siete estrellas pero en realidad son miles. En la Grecia clásica, las Pléyades eran siete hermanas que fueron asaltadas por el gigante Orión. Para protegerlas, el dios Zeus las transformó en estrellas.

CRUZ DEL SUR

Para los habitantes del hemisferio sur, esta pequeña constelación compuesta por cuatro estrellas en forma de cruz es la más importante del cielo, pues gracias a ella pueden orientarse en mitad de la noche.

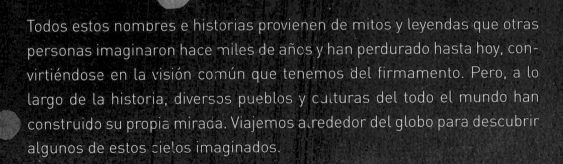

Todos estos nombres e historias provienen de mitos y leyendas que otras personas imaginaron hace miles de años y han perdurado hasta hoy, convirtiéndose en la visión común que tenemos del firmamento. Pero, a lo largo de la historia, diversos pueblos y culturas del todo el mundo han construido su propia mirada. Viajemos alrededor del globo para descubrir algunos de estos cielos imaginados.

Los **esquimales**, habitantes del Círculo Polar Ártico, cuentan en sus historias que las estrellas son pequeños agujeros en el cielo,

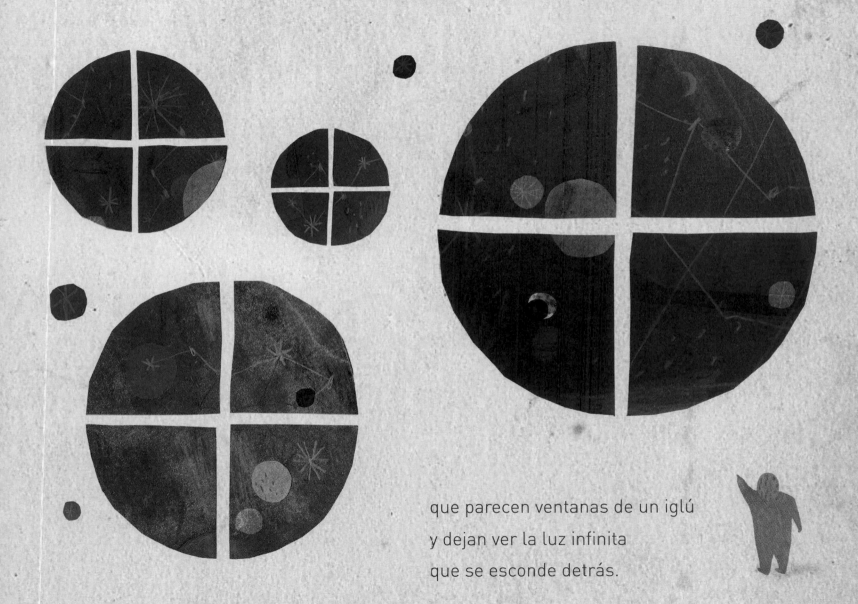

que parecen ventanas de un iglú
y dejan ver la luz infinita
que se esconde detrás.

En algunas leyendas de los **aborígenes** de Australia,

el cinturón de Orión era la canoa de unos ávidos pescadores

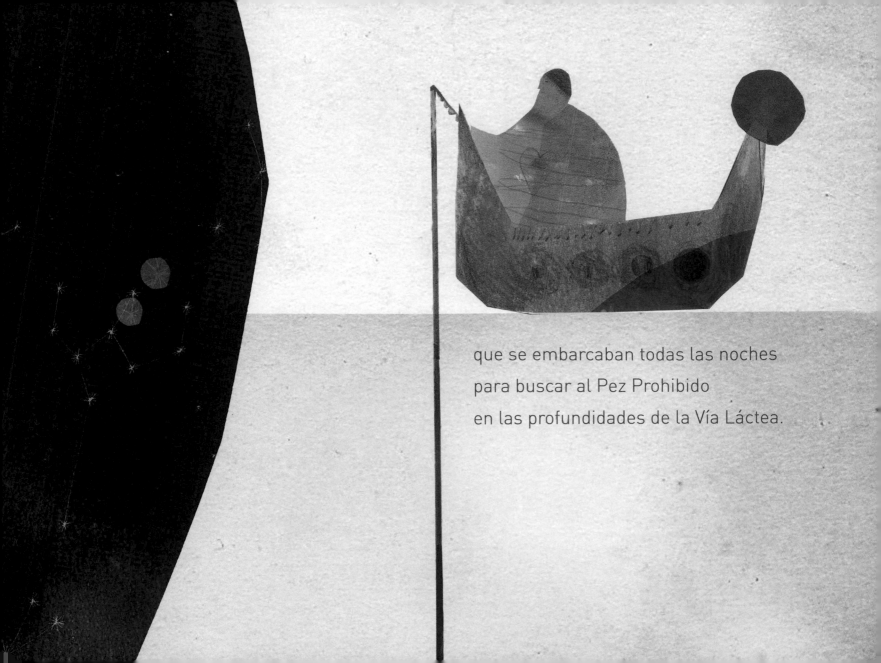

que se embarcaban todas las noches
para buscar al Pez Prohibido
en las profundidades de la Vía Láctea.

Para el pueblo **kazajo**, la constelación de la Osa Mayor
era un noble caballo salvaje atado a la Estrella Polar

para que no pudiera escaparse galopando por el firmamento.

Según los antiguos **sumerios**, el cielo se tornaba oscuro cada noche para que fuese el telón de fondo

donde las estrellas eran   actrices de un gran espectáculo.

Para los **incas**, todo lo que hay en la Tierra se veía reflejado en el cielo como un mapa de caminos,

donde la Vía Láctea era un gran puente que unía ambos mundos.

Una antigua **tradición japonesa**
cuenta que la princesa Orihime –la estrella Vega–
se enamoró del pastor Hikoboshi –la estrella Altair–,

pero el cascarrabias dios del cielo, padre de la princesa,
los separó por medio de la Vía Láctea,
y solo una vez al año la cruzan para abrazarse.

Según los indios **navajos**, las estrellas y los planetas se guardaban en un recipiente cerrado.
Hasta que, un día, el Coyote Embaucador,

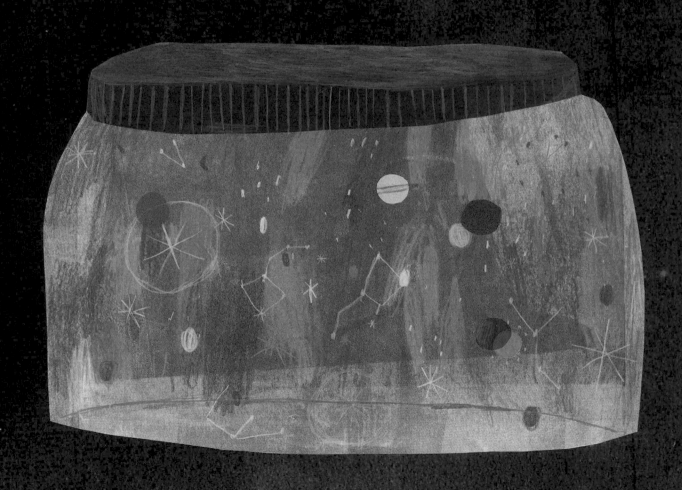

el más imprudente de los animales míticos,
lo abrió y todos los astros se escaparon
hasta ocupar el último rincón del cielo.

Algunos pueblos **polinesios**, navegantes del Pacífico, pensaban que las estrellas eran miles de ojos

que brillaban en la oscuridad y les vigilaban cada noche.

La tribu !Kung, bosquimanos del desierto de Kalahari,

llama a la Vía Láctea el Gran Espinazo de la Noche,

pues creen que es el esqueleto de un gran animal
que sujeta las estrellas para que nunca se caigan.

Según los indios **kiliwa**, en la Baja California,
las estrellas son fogatas en el cielo,

donde sus antepasados se reúnen cada noche y cuentan viejas historias.

Todo parecido con la realidad, o con historias que
el lector haya escuchado, es intencional, ya que es
fruto de la labor de investigación de los autores.

Diseño gráfico: Estudi Miquel Puig
Corrección: Xavier Canyada

Impreso en España por Gràfiques Ortells

ISBN: 978-84-947446-7-9
Depósito legal: B 7126-2018

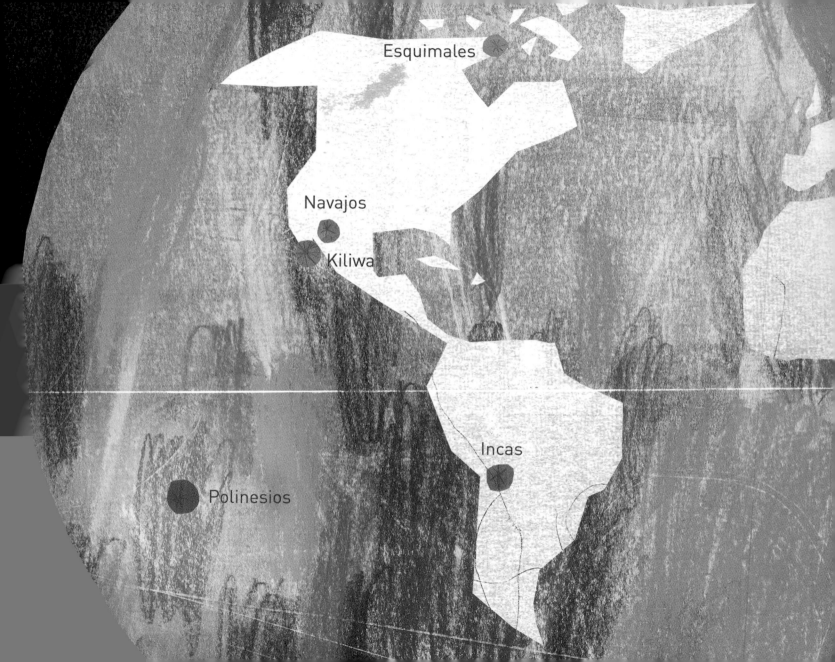